मेरी अंतिम यात्रा

आशीष कुमार

क्रम-सूची

भूमिका

सबसे पहले मैं ईश्वर को नमन करते हुए कृतज्ञता ज्ञापन करता हूँ। जिन्हों ने मुझें लेखन की प्ररणा दी। मैं अपनी माँ **श्रीमती प्रमीला शरण** और पिता **श्री शत्रुघ्न शरण** को आभार देता हूँ । उनके आशीर्वाद के बिना इस पुस्तक का अस्तित्व कठिन था। मैं कृतज्ञ हूँ उन लेखक-पाठकों और आलोचक ब्लॉगरों का, जिन्होंने मेरे लेखन को श्रेष्ठ बनाने मे मदद की। मैं **प्रीति शर्मा** जी और **राधा अग्रवाल** जी को भी धन्यवाद देना चाहुंगा। मेरी पुस्तक का मुख्य पृष्ठ बनाने में **सचिन गुरुरानी** ने जो मदद की है उनका मैं तहे दिल से धन्यवाद करता हूँ। जिन्होंने मेरी मदद की और इसका प्रूफ रीडिंग किया। और तमाम उन सबका जिन्होंने अपने विचारों से मेरी रचना का सम्मान बढ़ाया। इसके अलावा, जिन लोगों से भी इस पुस्तक को लिखने में मदद मिलीं, उन्हें दिल से धन्यवाद ।

यह पुस्तक मेरे पिता को समर्पित है।

यह पुस्तक परिपक्व पाठक के लिए लिखा गया है।

इसका उद्देश्य किसी की भावना को ठेस पहुँचाना नहीं है।

ना यह किसी व्यक्ति, समाज, लिंग, पंथ, राष्ट्र या धर्म के

पक्ष में या विपक्ष में है।

यह लेखक के अपने विचार हैं।

आशा है इस पुस्तक को पढ़ कर आप लेखक के दृष्टिकोण को

समझने और सराहने की कोशिश करेंगे।

यह एक यात्रा है अध्यात्म कि ओर

पुस्तक का उद्देश्य अपने आत्मिक शांति को जगाना है।

नैनं छिन्दन्ति शस्त्राणि नैनं दहति पावकः।
न चैनं क्लेदयन्त्यापो न शोषयति मारुतः॥

राम नाम सत्य है

1. मेरी अंतिम यात्रा

मेरी अंतिम यात्रा

नैनं छिन्दन्ति शस्त्राणि नैनं दहति पावकः।

न चैनं क्लेदयन्त्यापो न शोषयति मारुतः॥

बाँध मुट्ठी मैं आया था

छोटा सा-नन्हा सा बालक

समझता था मैं कुछ नहीं

जब मन तब रोता था मैं

जब मन तब सोता था मैं

जब मन तब हँसता था मैं

अपनी ही मौज में रहता था मैं

कभी इसकी गोद तो कभी उसकी गोद में रहता था

हर वक़्त किसी ना किसी की गोद को गीला कर मुस्कुरा

देता था मैं

थोड़ा बड़ा हुआ तो घुटनों के बल चलता था मैं

हाथों में झुनझुना ले खुश हो जाता था मैं

टॉफी के लिए रोया करता था मैं

ना भविष्य कि चिंता ना था भूत का ग़म

बस अपनी ही मौज में खुश रहता था मैं

थोड़ा और बड़ा हुआ तो अपने पैरों पर चलने लगा था मैं

माँ-बाप-भाई-बहन-चाचा-मौसी-दादा-नानी-बुआ-दोस्त

सब अपने लगते थे

किसी ने प्यार से बोला तो खुश हो जाते थे

"

किसी कि डाँट पड़ी तो रोने लग जाते थे
बड़ों ने जो संस्कार दिये उसमें थोड़ी अपनी नादानी जोड़
खुद को ही सब कुछ अपना मान बैठे थे
दोस्त सच्चा होता है माँ बाप अपने होते है
यह बात दिल में बैठ चुकी थी
अपनों ने हाथ में कटोरा पकड़ा दिया था
राम जी के सामने कुछ भी माँगने के लिए
दो अगरबत्ती, एक लोटा, जल सूरज को देने की भी आदत
पड़ चुकी थी
पढ़ाई करो या ना करो
कटोरा ले, "नम्बर अच्छे आ जाएं" की भी भीख़ माँगनी
शुरू हो चुकी थी
मेहनत से ज्यादा माँगने की आदत पड़ चुकी थी
स्वार्थ का बीज उग चुका था मन में
थोड़े और बड़े हुए तो अफसर, डॉक्टर, व्यापारी बनने की
चाहत जगी थी
वो हसरतें भी पूरी हो गई मेरी
पद भी मिल गया
प्रतिष्ठा भी मिल गई
तन्ख्वाह भी मिल गई
गाड़ी भी मिल गई
बंगला भी मिल गया
पत्नी भी मिल गई
बच्चा भी मिल गया
बच्चे बड़े भी हो गए
उनकी शादी भी हो गई
उनके भी बच्चे हो गए

आशीष कुमार

फिर क्या

फिर क्या

फिर क्या

यार फिर मेरी अंतिम यात्रा भी तो होगी

पर वास्तविकता में और आध्यात्मिक दृष्टि से देखें

तो क्या सच में वो यात्रा अंतिम होगी ???

शायद नहीं

चौरासी का चक्कर फिर मौत और ज़िन्दगी से टक्कर

ग़र ज़िन्दगी ऐसी होगी तो असंभव है अंतिम यात्रा

जन्मों जन्मों तक कि यात्रा कराएगी

ज़िन्दगी में ही भटकाएगी.......

फिर भी मैं, मैं मैं मैं बकरे की तरह करता रहा

अंत में बकरे कि तरह ही हाल हो गया

और एक दिन मोह माया में फँस कर ये बकरा भी हलाल

हो गया

चलिए मैं अब आप सबको अपने मृत्यु की दास्ताँ सुनाता

हूँ

हो सके तो आप अपने आप को याद कीजिये

या फिर रहने दीजिये

मुझे ही याद कीजिये, हाँ मुझे ही

मेरी उम्र 25 साल

मैं रात को सोने जा रहा था

चिंतित था

घर, पैसे, ज़गह, ज़मीन, शादी, बच्चे, दोस्त, दुश्मन

अपनों कि चिंता ने मुझे जकड़ रखा था

मैं सुबह उठा बिस्तर से

अच्छा महसूस नहीं हो रहा था

फिर भी हिम्मत कर सोफे पर आ बैठा
हाथ में मोबाइल लिए स्टेटस अपडेट किया "*FEELING
NOT GOOD*"
फ़िर नहा धो कर पूजाघर में जा कर
राम जी के सामने
दो अगरबत्ती जलाई
जल का लोटा उठाया तो गिर पड़ा
मैं और जल दोनों ही
फिर क्या
पूजा के घर में रहते हुए भी राम जी को आवाज न लगाई
अपनों को ही आवाज़ लगाई
दौड़े-दौड़े वो सब आए
मुझको उठा हॉल में लाए
कुर्सी पे बैठाया
पानी माँगा मैंने
भागे - भागे वो पानी लाए
तब तक मेरी गर्दन झुक चुकी थी
मुट्ठी खोल चुका था मैं
पाँव ठंडे पड़ चुके थे
शरीर स्थिल हो चुका था
मृत्यु आकर मुझको गले लगा चुकी थी
मैं मर चुका था
हाँ मृत्यु हो चुकी थी मेरी
जो पानी का ग्लास लाए थे मेरे अपने
वो अब उनके हाथों से छूट चुका था
पानी फर्श पर बिख़र चुका था
उनकी आँखों से भी आँसू निकल रहे थे

कुछ ने फोन घुमाना शुरू कर दिया
सगे संबंधियों को
मेरी मृत्यु कि ख़बर हवा में फैल गई
ये क्या
जब तक साँसें थी मेरी
तब तक फर्श से उठाकर कुर्सी पर बैठाया था
अब साँसें रुकते ही
मुझे कुर्सी से उठा फर्श पर क्यों लेटा रहे हैं
मृत्यु ने गले लगाया है इसलिए
कोई बात नहीं
धीरे - धीरे भीड़ इकट्ठा हो गई
बाँस मंगवाने लगे लोग
मुझे बर्फ के पत्थर पर लेटा दिया
गर्मी थी इसलिए नहीं
बल्कि मैं बदबू ना दूँ इसलिए
अरे ये क्या
अगरबत्ती कि पूरा का पूरा पैकेट ही जला दिया इन लोगों
ने
मैं हैरान हूँ यह सब देखकर
कोई मुझसे लिपटना चाह रहा है
तो कोई मुझसे डर कर दूर खड़ा है
तो कोई मुझको श्मशान ले जाने को बेताब है
दोपहर तक तो सारे परिवार, दोस्त, सगे,संबंधी हर कोई
आ गया
किसी ने कहा जल्दी करो अर्थी तैयार है
लाश खराब हो जाएगी जल्दी करो
आज ही अंतिम क्रिया करनी है

तभी कुछ लोग आए
मुझे उठा नहलाने लग गए
पर नहलाने के बाद मेरे शरीर को तौलिये से किसी ने भी
पोछा नहीं
शायद तौलिया गंदा हो जाता इसलिए
ये लोग मुझे खाने को घी नहीं देते थे ज्यादा
मेरा वजन ना बढ़ जाए इसलिए
पर अभी मेरे पूरे शरीर में चंदन और घी लगा दिया
शायद मैं जल्दी जल सकूँ इसलिए
अब नए वस्त्र पहना दिये
मेरे मुँह में गंगाजल डाल दिया
तो कुछ ने तुलसी दल डाल दिया
कुछ ने कहा गीता का पाठ करते हैं
तो कुछ कह रहे हैं वक्त नहीं है
हमें घर भी जाना है जल्दी से शमशान ले चलो
तब तक बाँस कि अर्थी तैयार हो चुकी थी
तभी कोई आया और उसने मेरे हाथ से
मेरे सोने कि राखी भी खोल दी
और रूद्राक्ष की ब्रेसलेट को भी मेरे हाथों से अलग कर
दिया
मुझे रोना आ रहा था
पर कुछ न कर सका
काश तुम सब मुझको इसी हाल मे ले जाते
तभी फिर से
चार-छह लोगों ने मिलकर बर्फ के पत्थर से मुझको उठाया
उठाकर बाँस के अर्थी पर मुझको लेटा दिया
फूल पत्तियों से सजा अर्थी पर था

बड़ी ही सुंदर लग रही थी
फिर दो लोग मिल कर मुझे रस्सी से बाँध रहे थे
मैं नहीं भागूँगा यार
एक कहता है तू उधर से रस्सी खींच मैं इधर से खींच रहा
हूँ
उसने पैर बाँधा तो कोई कहता है सर के पास से गर्दन भी
बाँध
कही रास्ते में यह शव गिर ना जाए
तभी जोर - जोर से बिलख़ने कि आवाज आती है
लोग एक दूसरे को संभालते हैं
चार कंधों पर लोग मुझको उठा चुके थे
तभी किसी ने बोला
"राम बोलो भाई राम"
मैंने भी कोशिश की पर बोल ना पाया
शायद सांसें रहते हुए ही "राम राम राम" बोलने का मौका
था
पर क्या मैं बोला था "राम राम"
कोई बात नहीं हिसाब तो होगा
जब बनिये की दुकान में हिसाब होता है
तो ये तो सृष्टि बनिये को बनाने वाले की है
यहाँ भी हिसाब होगा
वो भी पक्का हिसाब
एक - एक कर्म का
एक - एक नाम का
ख़ैर छोड़ो
ये देखो न क्या हो रहा है
मैं मृत हो कर लेटा था

मेरी अंतिम यात्रा

कंधे पर अपनों के
तभी मेरे अपने ही मुझ पर
चंद सिक्के और नोट उड़ाने लगे
मानों मुझसे कह रहे हों कि
आओ उठा लो इन सिक्कों को इन नोटों को
इन्हीं पैसों को तो बटोरते-बटोरते यह हालत हो गई
पर इन्हें साथ तक ना ले जा पा रहे हो
चंद दूर चल कर मेरे अपने थक गए थे
कुछ तो वापस लौट गए
कुछ ने कहा घर पर परिवार अकेले छोड़ आए है
तो कुछ ने कहा आप जाओ कोई जरूरत होगी तो फोन
करना
और फिर कुछ ने मुझे मुक्तिवाहिनी नाम के गाड़ी में रख
दिया
और चल दिये मेरे गाड़ी को लेकर श्मशान तक
रास्ते में कुछ कह रहे थे मेरे बारे में
बहुत अच्छा था वो पर देखो ना इतनी जल्दी चल पड़ा
कुछ बुराई भी कर रहे थे मेरी
तो कुछ अपने मोबाइल में व्यस्त थे
तो कुछ मेरे तस्वीर की स्टेटस लगा रहे थे
और कुछ शरीर और आत्मा का ज्ञान भी दे रहे थे
पर वो सब इस सत्य को शायद जानबूझकर नज़रअंदाज़
कर रहे थे
उन्हें भी तो मेरी तरह ही लेटना है
मेरी तरह ही यात्रा करनी है
ख़ैर छोड़ो
मृत्यु तो मेरी हुई है

अब ज्यादा ज्ञान मैं ना बाँटू इस अर्थी पर लेट कर
यार गाड़ी पहुँच गई शमशान तक
फिर से अपनों नें कंधा दे ही दिया
मेरे शरीर का वजन हुआ
फिर वजन के हिसाब से लकड़ियों को तौला गया
तभी मेरे अपने ने चंदन के लकड़ी का भाव पूछा
भाव सुन वो चुप हो गए और कहा छोटा सा टुकड़ा ही
चंदन का रख देना
चिता पर मुझको लेटाने से पहले मेरे सारे वस्त्र हटा दिये
गये
मुझे नंगा कर दिया
मेरी मुट्ठी खुली हुई थी
तभी किसी ने कहा नंगा आया नंगा ही जाएगा भला क्या
लेकर जाएगा
यह सुन मुझे हँसी आ रही थी
लोगों को सत्य पता है पर जानबूझकर सत्य से मुँह
मोड़ें खड़े हैं
लकड़ियों के बिस्तर पर मुझे लेटा दिया
मेरे शरीर के हर तरफ सूखी घास भी डाल दी
ताकि कोई अंग कच्चा ना रहे
सस्ते वाला घी मेरे चारों तरफ डाल दिया गया
लकड़ियों से मुझे ढक दिया गया
मंत्र उच्चारण चल रहा था
विधि विधान चल रहा था
मेरे मुँह में घी भर डाला गया
उसमें एक बत्ती डाली
और तभी मेरे मुख में मेरे अपनों ने मुखाग्नि दे दी

मेरा शरीर तो जल रहा था
कुछ लोग सुझाव दे रहे थे
और लकड़ी डालो
शव पूरा जलना चाहिए
थोड़ा घी और डाल देते है जल्दी जल जाएगा
कितनी विडंबना है न
श्मशान में भी तेज़ बनते हैं लोग
पर किस्सा अभी ख़त्म कहा हुआ
आग ने शरीर को चारों तरफ से घेर लिया था
आग की आवाज पूरे श्मशान में गूंज रही थी
भुभक, भुभक, फ़ट फ़ट, चिट चिट कि आवाज़
थोड़ी देर में चिता से लकड़ियां गिरती हैं
तो कोई उन लकड़ियों को उठा शव पर रखता है
शव के सिर के बाल तो सुखी घास कि तरह जल गए
तभी मेरा एक पैर जल कर चिता से नीचे लथड़ रहा था
शव कि चर्बियाँ पिघल कर गिर रही थी
शव का सिर कभी भी फटने को तैयार था
चमड़ियाँ पूरी तरह जल कर ज़मीन में मिल चुकी थीं
अभी तो शुरुआत ही हुई है जनाब
जरा ठहरो तो
आगे कि दास्ताँ तो सुन लो
कुछ लोग अभी हड़बड़ी में हैं
तो कुछ घाट से दूर हो कर सिगरेट-बीड़ी पी रहे हैं
और बार - बार घड़ी देख रहे हैं
दो-ढाई घंटों में मेरा शरीर राख हो चुका था
शरीर की सारी अकड़ भी खाक़ को चुकी थी
मेरा पूरा जीवन व्यर्थ की चिंता में रहा

आशीष कुमार

राम राम मैंने ना भजा
और फिर राम नाम के साथ ही
मुझको चिता पर लेटा राख कर दिया गया
पता नहीं क्यों मैंने
राग, द्वेष पाल रखा था
वाणी में विनय न था
हृदय में धैर्य न था
हाथ में सत्कर्म न था
और चित्त में राम न था
इसलिए चिता पर मैं था
लोग अंतिम यात्रा तो कह रहे हैं
पर वास्तविकता में ये चौरासी का चक्कर है
मेरी चिता कि आग ठंडी हुई नहीं थी कि लोग चल दिये
थे श्मशान से
एक ने कहा था श्मशान वाले को
शव कि अस्थियों को रख देना कल आ ले जाऊँगा
कितनी जल्दी है लोगों को
कोई नहीं
घर पहुँच कर सब नहा लिये
पर मेरे घर में चूल्हा नहीं जला था
चलो कोई दिक्कत नहीं है
पर यह क्या
नाथ जी के सामने किसी ने शाम का दीया तक नहीं
जलाया
ऐसी भी क्या मनहूसियत है
मरने वाला तो मर गया
नाथजी से क्यों रूठे हो

चलो माना कि शरीर अशुद्ध है कुछ दिन तक
पर मन से, मुख से तो नाथजी की आरती कर सकते हो
ना
पर पता नहीं क्यों
क्या रीति - रिवाज है ये
दस-बारह दिन तक नाथजी ऐसे ही रहेंगे
अब हम कर भी क्या सकते हैं
कोई बात नहीं
रात के ग्यारह बज गए हैं
घर के गेट पर ताला नहीं लगा अब तक
मेरी बाईक भी बाहर ही है अभी तक
और ये घर वाले यह क्या कर रहे हैं
कहाँ व्यस्त है
हाय राम
मेरे सारे कपड़ों कि गठरी बाँध एक किनारे कर रहे हैं
शायद गरीबों में बाँट देगें
पर मेरे गहनों को मेरी अलमारी से निकाल अपनी
अलमारी में कर रहें है
मेरे इंश्योरेंस के पेपर पर डे?थ क्लेम का एप्लीकेशन लिख
रहे हैं
घर में मेरी अस्थियाँ पहुँचने से पहले ही
जमीन के कागज तक ढूँढ़े जा रहे है बटवारे के लिए
मेरे एटीएम कार्ड, मिच्युल फंड के कागज, बैंक के पासबुक,
स्टॉक और शेयर मार्केट का सब का हिसाब आज ही कर
लेगें क्या ये लोग
इतनी बड़ी घटना घटी घर में
फिर भी इन्हें ज्ञान नहीं है

जो रुपये, पैसे, चीज, वस्तु, सोने, चाँदी, हीरे, जेवरात,
जमीन, मकान
इकट्ठा करते करते मैंने सारी ज़िन्दगी बिता दी
पर अंत समय में उसे न ले जा सका
तुम सबको अपना माना था
मेरी गर्दन क्या झुक गई
मुट्ठी क्या खुल गई
तुम सबने तो मिल कर
मुझे कुर्सी से उठा
फर्श पर लेटा दिया
कम्बख्त तुम सब ने ही
मुझे रस्सी से बाँध कर अर्थी पर लेटा
श्मशान तक पहुँचाया
फिर नंगा कर अग्नि में राख कर दिया
मुझे एक खरोंच तक आती थी
तो तुम सब कितना परेशान हो जाते थे
पर आज सच कहूं
तो तुम सब नौटंकी बहुत अच्छा करते थे
जब शरीर मैं था
तो उसे संभाल क्यों न रखा तुमनें
जब शरीर ही मैं न था
तो पहले ये नौटंकी क्यों करते थे
मान, सम्मान मेरा नहीं था
न तो मेरी साँसों का था
था तो सिर्फ़ और सिर्फ़
रुपये, पैसे, चीज, वस्तु, सोने, चाँदी, हीरे, जेवरात, ज़मीन,
मकान का

पर हकीक़त तो यह है कि
यह रुपये, पैसे, चीज, वस्तु, सोने, चाँदी, हीरे, जेवरात,
ज़मीन, मकान
सदा टिक नहीं सकते
आज मेरे मृत्यु के बाद मेरे अपने जो हरकते कर रहे हैं ना
शायद यह मैंने भी किया था
गधा था मैं
और यह लोग भी मुझ गधे की ही पूँछ पकड़ कर
वही काम कर रहें हैं
जिसे मैं साथ न ले जा सका
उसे क्या यह लोग साथ ले जा सकेंगे?
मैंने लोगों को अपना माना था
मैंने रूपये, पैसे, जैसी वस्तु को अपना माना था
मैंने शरीर को अपना माना था
पर आज तो कुछ भी नहीं है मेरा
यह साफ़ नज़र आ रहा है
केवल कर्म ही मेरा है
और उन्हीं कर्मों का हिसाब हो रहा है
राम जी के दरबार में
एक पंक्ति थी ना
मेरे दाता के दरबार में,
सब लोगो का खाता,
जो कोई जैसी करनी करता,
वैसा ही फल पाता,
हो सके तो गुनगुना लेना
नहीं नहीं
हो सके तो ज़िन्दगी में अपना लेना

सुबह हो चुकी है

मेरे कमरे के बाहर चिड़ियों कि चहचहाहट हो रही है

घर के लोग भी उठ चुके हैं

यार पौधों को पानी तो डाल देते

ख़ैर छोड़ो

अपना काम करो

कुछ लोग शमशान जाने के लिए तैयार हो रहे हैं

वहाँ पहुंच कर मेरी अस्थियों को उन्होंने ले लिया

और घर आ गए

कुछ ने नसीहत दिया की

शव के अस्थियों को घर क्यों लाए

इसे बाहर ही पेड़ पर रख दो

इसमें आत्मा हो सकती है

अब मूर्खों को भला कौन समझाए

आत्मा अस्थियों में नहीं

शरीर में रहती है

जब मुर्गी की हड्डीयों को पका खाते हो

तब नसीहत खुद को क्यों नहीं देते हो

छोड़ो

अब मैं ना नसीहत दूं ज्यादा

अब घर में गरूड़ पुरान की कथा हो रही है

पंडित जी जन्म से मृत्यु, मृत्यु से कर्म, कर्म से होने वाली

योनि और मुक्ति

की कथा कह रहे है

लोगों को यह सुनना चाहिए था

लोग बैठे तो है

पर कुछ लोग मोबाइल में वयस्त हैं

तो कुछ बहू और सास की चुगली में
तो कुछ लोग मेरे संपत्ति का हिसाब करने में
पंडित जी कथा कह रहें है जल्दी - जल्दी
क्योंकि उन्हें दूसरी ज़गह भी तो जाना है
सच कहूं तो उन्हें जल्दी जाना है
इस ज़िन्दगी से
थक गये होगें ना वो
जैसे तैसे पहले दिन की कथा ख़त्म हुई
और लोगों ने पंडित जी को कहा
कल से जल्दी आ कर जल्दी से कथा कह देना
पंडित जी ने भी मन ही मन मुस्कुराकर अपना सर
हिलाया और चल दिये
थोड़ी देर बाद लोगों ने खाना पीना कर लिया
और हॉल में बैठे
जहाँ मेरी मृत्यु हुई थी वही
ढेरों कागजात पड़े थे
तभी कोई काला कोट पहने हुए इंसान ने कहा
देखिए हमें झगड़ा नहीं करना है
मिलकर प्यार से बात करते है
और बराबर - बराबर बंटवारा कर देते है
तो मेरे अपनों ने भी "जी वकील साहब सही कह रहे हैं"
कह हामी भरी
मेरी अस्थियों की आग तक ठंडी नहीं हुई
और बटवारें कि आग यहाँ जलने लगी
कोई बात नहीं कितना भी बाँट लो, इकट्ठा कर लो
सब यही छूट जाएगा
बटवारे के बाद किसी ने कहा

अस्थियों को बनारस ले जाना है न
लोग बिन कोई लाग लपेट के तैयार हो गए
घड़े में मेरी अस्थियों को रख बनारस ले गए
विधि विधान से मेरी अस्थियों को गंगा में विसर्जित कर
दिया गया
ताकि मुझे मोक्ष मिले
यह सब लिखते हुए मुझे हँसी आ रही है
पर क्यों? इसका जिक्र बाद में करूँगा
मेरी अस्थियों के विसर्जन की खबरें घर में दी गई
लोग घर में कपड़े, चादर सब धोने लगे
घर में भी रंग रोगन होने लगा
फिर ब्रह्मभोज कि तैयारी हुई
पाँच-सात तरह कि सब्जियां बनीं, बुंदिया, मिठाई, पूरियाँ
बानाई गईं
ब्राह्मणों को खिलाया गया
फिर सगे-संबंधि, जान पहचान वालो को भी निमंत्रण दिया
गया था
आए थे सब लोग
कुछ ने तो शांति से खाया और चले गए
पर कुछ ने तो इसमें भी नुख्स निकालना शुरू कर दिया
था
सब्जी में तेल बहुत है, तो पूरियाँ ठंडी मिली मुझे
अरे जीते जी किसी को खुश न कर पाया था मैं
तो फिर मरने के बाद कैसे करता

❧❧❧

कुछ सवाल आपसे

जिस शरीर को हमनें अपना माना था
क्या वह वास्तव में अपना है?
ग़र अपना है तो साँस रूकते ही पराए सा व्यवहार क्यों
जो आँसू बहा रहें थे शरीर के मरते ही
क्या वह वास्तव में आँसू सच्ची है
क्रीम, पाउडर, लाली, लिपिस्टिक लगा शरीर के चमड़े को
कितना संभाला था
साँस रूकते ही फर्श पर पड़ा है ऐसे ही
कुर्सी पर बैठे बैठे मर गए
रोड़ पर चलते चलते गिर पड़े पर कभी उठ न पाए
रात को सोए हृदयाघात हुआ चल पड़े
जिस शरीर ने कितना - कितना कमाया,
कितना - कितना खाया,
जिसको कितना - कितना सजाया,
कितना - कितना दिखाया,
वह शरीर आज शव हो गया
प्राण पखेरु आज उड़ गये
जिस भीड़ में सम्मान के लिए जीते थे
वो भीड़ इकट्ठी है
कोई सचमुच में आँसू लिए
तो कोई झूठ मूठ में
सब नाते और रिश्ते टूट गये
धन और परिवार छूट गया
अर्थी पर लेटा कर जो कस कर गांठ बांध रहे है ना
वह भी आग में जल जाएगी
रस्सी कि गाँठ क्या
पूरा का पूरा शरीर जल जाएगा

जितना भी नाम, प्रतिष्ठा कमाया वह यही धरा रह गया
कोई नाम तक नहीं ले रहा है
शव और मुर्दा कहकर पुकार रहा है हर कोई
फूल, पैसे, चादर, पीताम्बरी चढ़ा रहा है कोई - कोई
पर क्या यह शरीर ठीक हो पाएगा?
अग्नि की ज्वाला से इसे बचा पाएगा? ये कपड़ा
शव पर चाहे ईंट डालो
या पत्थर डाल दो
चाहे सोने की इमारत खड़ी कर दो,
चाहे फूल चढ़ा दो
चाहे हीरे जवाहरात न्योछावर कर दो,
फर्क क्या पड़ता है ?
सारा कुछ कमाया हुआ
रूपये धन दौलत जेवरात जरूरी कागज़ सब छूट गया
और चल दिए श्मशान की तरफ
सारी चिंता व्यर्थ थी ना?
कुछ काम आया?
अलमारी कि चाबी तक साथ नहीं ले जा पा रहे हो
चाबी तो बहुत दूर की बात है, तुम्हारा पसंदीदा शर्ट तक
तुम न पहन सके
तुम कहते थे ना
यह घर तुम्हारा है
आज तुम हमेशा के लिए इस घर से जा रहे हो
क्या तुम इसे ले जा पाओगे
यह धन दौलत तुम्हारी थी
तुमने कमाया था इसे
ले जाओ ना साथ

छोड़कर क्यों जा रहे हो
या फिर साथ नहीं ले जा पा रहे हो
बड़ी मेहनत से बटोरा था
एक झटके में सब छूट गया
क्या कमाया तूने
क्या हासिल किया तूने
बतलाओ आज सब
शव यात्रा में चल रहे है
पर कोई प्यार से
तो कोई दिखावे से
इन सब चीजों में भी फरेब
दिखावे की ज़िन्दगी तुम्हारी भी थी
और इनकी भी
अगर तुम मोटे होगें लोगो के कंधे भी भारी लगेगें
फिर भी रहोगे तो अर्थी पर ही
समझदार लोग कह रहे हैं
कि शव को जल्दी ले जाओ ।
इसे जल्दी ले जाओ,
नहीं तो इसके 'वायब्रेशन'
इसके 'बैक्टीरिया' फैल जायेंगे
दूसरों को बीमारी हो जायेगी
अब तुम्हें घड़ी भर रखने की
किसी में हिम्मत नहीं
चार दिन सँभालने की बात तो दूर है
यहाँ तो सब अपना - अपना जीवन जीना चाहते हैं
तुम्हें निकालने के लिए उत्सुक हैं
जिसे तुमनें अपना माना था

उसने ही तुम्हें बाँधा
कंधा दिया
और लकड़ियों के ढेर में पटक
मुख में अग्नि दे डाली
कुछ तुम पर दया कर रहे थे
तुम नश्वर ऐसे कह रहे थे
जैसे ख़ुद शाश्वत हो
मेरा शव बीच बाजार से हो कर गुजर रहा था
तो लोग भाग रहे थे पर मुझसे नहीं
अपने आने वाले कल से
अपनी ज़िन्दगी से
दौड़ रहे है अपनी मौत से
मेरे शव को देख
आह, ओह, राम, अल्लाह करते है लोग
पर फिर उसी ज़िन्दगी में फँस रहे है
शव के साथ एक आदमी हो
या हो दस आदमी
या हो हजार-दस हजार या लाख
जाएगा तो मेरा शव श्मशान ही ना

है हिम्मत
तो रूक जाओ
जब साँसें थी
तो बड़ा शेर बनते थे
मैं ये हूँ, मैं वो हूँ, मैं ये कर दूंगा, मैं वो कर दूंगा
मेरे साथ इतने लोग है
अब क्या हो गया बाबा

सारी हवा निकल गई
मृत्यु ने एक झटके में तुम्हें तुम्हारी असली औकात दिखा
दी
जीते जी जिसे तुम अपना कह रहे थे ना
और जो साथ खड़े थे ना
वही अब खड़े हो कर शमशान तक ले जाने कि सारी
तैयारी कर रहे हैं
और तुम्हारे कमाये हुए पैसों पर अपना दावा ठोक रहे है
काहे के अपने है ये???
सुनो मेरी बात आज
राम जी के सिवा तुम्हारा कोई अपना हो ही नहीं सकता
अब गधे की तरह बैठ कर
राम जी, रहीम जी, कृष्ण जी, मौला, अल्लाह में फर्क मत
करना
कबीर जी ने कहा था न
सोइ मेरा एक तो, और न दूजा कोये ।
जो साहिब दूजा कहे, दूजा कुल का होये ॥
वो साहिब मेरा एक है, दूसरा क्या होता है
जो है सो वो एक ही है
सूरत एक ही है, बस मूरत अलग अलग है
माँ बाप को अपना समझो
तो ठीक है
पर आध्यात्मिकता की दृष्टि
से देखोगे तो वह भी अपने नहीं हैं
ग़र हकीकत में वो अपने होते
तो वो राम से मिलाते
संसार के काम में न फंसाते

भीड़ जो बटोर रहे हो ना
क्या वो साथ जाएगी??
अकेले आए हो, नंगे आए हो
तो बस वैसे ही जाओगे
श्रीमद्भागवतगीता मृत्यु के वक्त पढ़ना
मतलब भोज के वक्त कोहड़ा रोपना ही है
मृत्यु के भय से तुम सब भगवान को याद करते हो
ईश्वर को याद करने में भी स्वार्थ है तुम्हारा
श्रीमद्भागवतगीता पढ़कर अमर हो सकते हो
लेकिन स्वार्थ रख कर नहीं
मृत्यु क्या हमें तो ईश्वर भी नहीं मार सकते है
साँस रूकने के बाद
मुँह में तुलसी पत्ता क्यों डालते हो?
शास्त्रों में विधान है
कि तुलसीदल से मरने वाले की दुर्गति से रक्षा होती है
पर जरा सोचो
इतनी पवित्र और शक्तिशाली है तुलसीदल तो
जीते जी जो हर रोज डाल लेते तो
मन और तन दोनों पवित्र ही रहता तुम्हारा
पर नहीं
तुम ये सब क्यों करोगे
तुम तो स्वार्थी हो ना
मरने के बाद शव का दाहसंस्कार होता है ना
और फिर अस्थियों को गंगा में विसर्जित कर देते हो ना
क्यों करते हो?
उन्हीं अस्थियों से पाप किये हो ना
मोक्ष मिल जाएगा इसलिए ना

गंगा पतित पावनी है ना
तुम्हारे सारे पाप धुल जाएंगे ना
यह सोचते हो ना
हँसी आती है मुझे तुम पर
स्वार्थ में इतना लिप्त हो गए हो
कि तुम मूर्खता की सारी सीमा तक लांघ चुके हो
ज़रा समझो तो
तुम तो शरीर हो नहीं
फ़िर कैसे अस्थियों को विसर्जित करने से सारे पाप धुल
जाएंगे?
यार मेरे
जीते जी तुम मन और बुद्धि को
माँ गीता के ज्ञान रूपी गंगा में नित-प्रतिदिन डूबकी
लगवाओ

वही तुम्हें मोक्ष देगी
हिंदू शास्त्रों में भी यही लिखा है
"विष्णुपदी हे गंगे माँ, करता तुम्हें प्रणाम
हर हर गंगे बोलकर, ले डुबकी धर ध्यान
हरी चरण अमृत पिये, सत्य मोक्ष ही जान"
श्रीहरि विष्णु के चरणों से निकली माँ गंगे तुम्हें प्रणाम
हर हर गंगे कह कर ध्यान कि डुबकी लगाओ
श्रीहरि के चरणों की चरणामृत वो "सत्य मोक्ष" ही है यह
जान लो
अस्थियों को गंगा में विसर्जित कर देने से
तुम्हारे किये कर्म सही नहीं हो जाएंगे
कर्म का फल तो तुम्हें भोगना ही पड़ेगा

सुना ना
हाथ जोड़कर कहता हूँ
साँस रूकने से पहले
अपने पाप कर्मो को रोक लो
दूसरों के कंधे पर लेटने से पहले
दूसरों को सहारा देना सीख लो
बहुजन हिताय बहुत सुखाय के पथ पर तुम चलना सीख
लो
शरीर के जलने से पहले
अपने अहम् को जला राख कर दो
अस्थियों को गंगा में डूबोने से पहले
राम रस में खुद को डूबो दो
जग को रिझाने से बेहतर है
जगतपति को अपना लो
वासुदेवं सर्वमिति को पक्का कर लो
मुझ सहित सभी वासुदेव है यह जान लो
राग, द्वेष को उखाड़ फेकों ना
हरि रस का बीज हृदय में तो पहले से ही है
बस भक्तिसुधा की वर्षा कर दो
जीते जी ही मोक्ष को पा लो
घंटों लगते है
रुठें को मनाने के लिए
पल भर भी न लगता है राम को अपनाने में
वो कहते है
ना तो दूर वो मुझसे था
ना तो दूर मैं उनसे था
यार मेरा ग़र नज़र ना आता था

तो कमबख़्त ये नज़र का कसूर था

कौन हो तुम??
यह जान लो
ग़र हो शरीर
तो जला दिये जाओगे
ग़र हो आत्मा
तो फिर
राम जी ने द्वापर युग में
कृष्ण रूप में आकर मानव मात्र के लिए
जब गीता का ज्ञान दिया अर्जुन को
तो उन्होंने स्पष्ट कहा था
नैनं छिन्दन्ति शस्त्राणि नैनं दहति पावकः।
न चैनं क्लेदयन्त्यापो न शोषयति मारुतः ॥
अर्थ है:
आत्मा को
न शस्त्र काट सकते हैं,
न आग उसे जला सकती है।
न पानी उसे भिगो सकता है,
न हवा उसे सूखा सकती है।
फैसला तुम्हारे हाथ में है
कि तुम क्या हो

❧❧❧

वैसे मेरी एक आखिरी इच्छा है
जब यह शरीर शांत हो जाएगा न
जिसे मैं मैं कह रहा हूँ
तो इसका दाहसंस्कार जरूर कर देना
और चिता कि राख से
मेरे महादेव के
शिवलिंग स्वरूप का
भस्म आरती जरूर से जरूर कर देना...!!